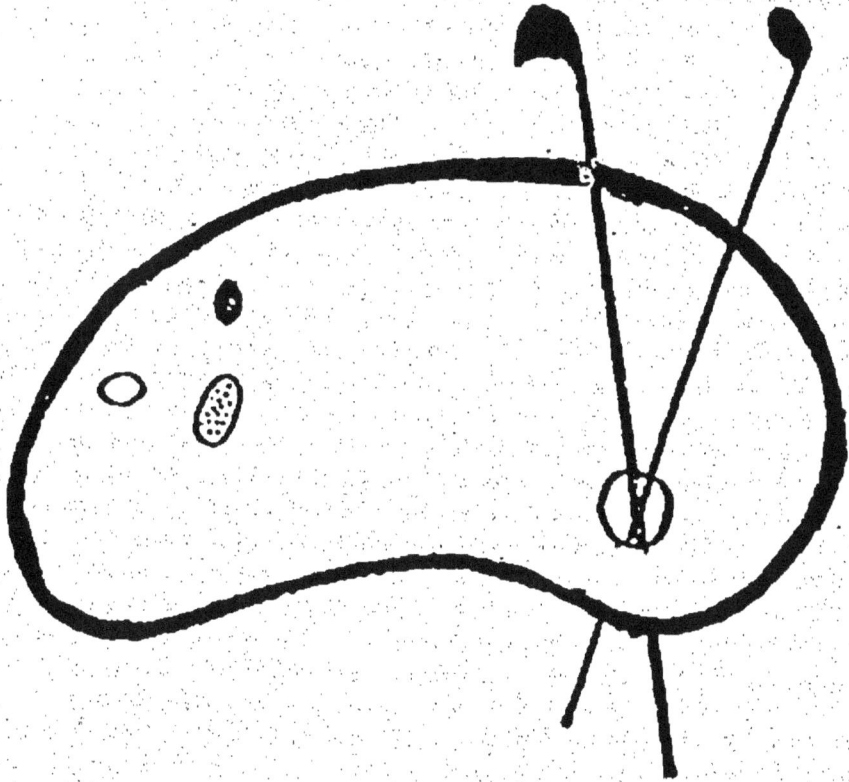

DEBUT D'UNE SERIE DE DOCUMENTS
EN COULEUR

UNIVERSITÉ DE FRANCE

INAUGURATION SOLENNELLE

DU

LYCÉE NATIONAL

DE GUÉRET

Sous la présidence de M. BOISSIÈRE

Recteur de l'Académie de Clermont

Délégué de M. le Ministre de l'Instruction publique

4 NOVEMBRE 1880

GUÉRET

Imprimerie F. Dugenest, rue du Marché, 3

1880

GUÉRET, IMPRIMERIE F. DUGENEST

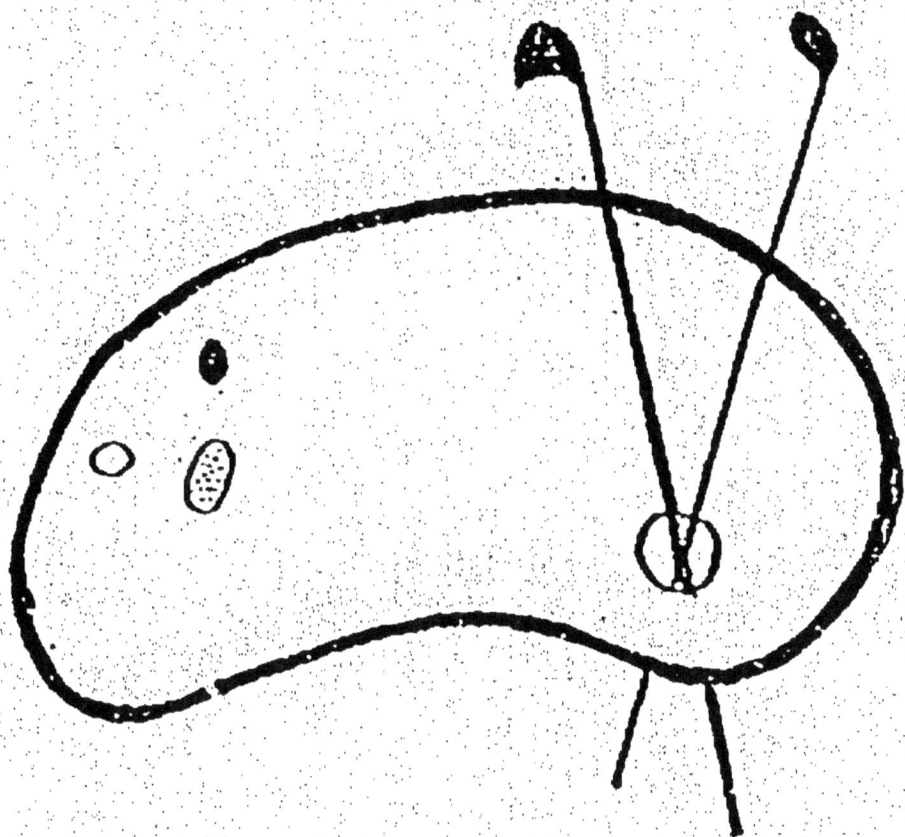

FIN D'UNE SERIE DE DOCUMENTS
EN COULEUR

INAUGURATION

DU

LYCÉE NATIONAL

DE GUÉRET.

———————

La cérémonie d'inauguration du Lycée de Guéret a eu lieu le jeudi 4 novembre 1880, sous la présidence de M. Boissière, recteur de l'Académie de Clermont.
Voici en quels termes la *Creuse républicaine* a rendu compte de cette fête, dans son numéro du 7 novembre :

La politique cède aujourd'hui le pas dans nos colonnes au récit de la fête locale, universitaire et patriotique qui a été célébrée, jeudi dernier, à Guéret et dont le souvenir bienfaisant restera longtemps dans le cœur de nos concitoyens.

C'est dans la cour d'honneur du Lycée que devait se faire l'inauguration ; mais on avait compté sans l'inclémence du temps, devenu, dès mardi, horriblement mauvais. L'administration du Lycée songea alors à célébrer la fête dans la chapelle de l'établissement ; pleine de déférence pour l'autorité ecclésiastique, elle en fit préalablement la demande à M. l'évêque de Limoges. La réponse de celui-ci, arrivée mercredi soir, ne permit pas de suivre cette idée ; il refusait formellement.

Dans la matinée du jeudi, une neige épaisse

chassée par un vent glacial, succédant à la pluie de mercredi, rendait impossible toute manifestation en plein air. Il a donc fallu se réfugier au théâtre, seule salle assez spacieuse à Guéret, et dans laquelle se sont donné rendez-vous tous les amis de l'Université.

A une heure les fonctionnaires publics réunis à la préfecture sur la convocation de M. Périgois venaient saluer M. Boissière, le sympathique recteur de notre Académie, délégué par le ministre de l'instruction publique, pour le représenter à l'inauguration du lycée. Cette première entrevue a été des plus cordiales. M. le Recteur, avec cette aménité simple qui le caractérise, a su trouver un mot aimable pour tous les chefs de service qui lui ont été présentés, et parmi lesquels nous avons remarqué avec plaisir M. l'archiprêtre de Guéret et ses vicaires.

La présentation terminée, le cortège officiel, auquel se sont joints la municipalité et le conseil municipal, s'est dirigé vers le théâtre, où il a été accueilli par les accents joyeux de l'excellente fanfare de Guéret.

M. le Proviseur du lycée, entouré de tous les professeurs en robe, attendait à l'intérieur pendant que les élèves prenaient place avec peine dans l'enceinte trop étroite du parterre.

Au bureau se sont assis : M. le Recteur, assisté

de M. le maire de Guéret, de M. le préfet de la Creuse, de MM. les inspecteurs d'Académie de la Creuse et de la Corrèze. MM. les députés Moreau et Parry ainsi qu'un certain nombre de conseillers généraux : MM. Maslieurat-Lagémard, Boyron, Poissonnier, Martinaud, Deplagne, Aubergier, Montaudon avaient tenu à honneur de se joindre au Conseil municipal. M. Fourot, député, qui avait promis d'assister à la cérémonie, avait télégraphié, à midi, à M. le maire qu'une indisposition le forçait à ne pas y prendre part. La magistrature, l'armée et toutes les administrations étaient largement représentées. Les places de premières réservées aux dames étaient complètement garnies : les hommes s'étaient placés comme ils avaient pu ; il n'y avait pas un coin de libre.

Après l'exécution d'un morceau de musique, M. le Recteur a déclaré la séance ouverte.

M. le Proviseur du lycée s'est avancé alors et a prononcé la petite allocution qui suit, allocution éloquente dans sa simplicité et empreinte d'un esprit aussi droit qu'honnête et libéral.

Monsieur le Recteur,

Nous remercions M. le ministre d'avoir bien voulu choisir pour présider l'inauguration du Lycée l'universitaire si libéral, le chef éminent et si sympathique de l'académie de Clermont.

N'était-ce pas, en effet, à celui qui n'avait jamais douté du succès de notre lycée qu'appartenait l'honneur de lui donner sa consécration officielle ?

Ce succès a déjà dépassé nos espérances. Nous atteignons le chiffre inespéré de 325 élèves donc 230 internes. Mais, si nous avons le droit d'être fiers de la confiance que la démocratique population de la Creuse nous a témoignée dès le début, notre devoir sera de nous en montrer chaque jour de plus en plus dignes.

Nous espérons, M. le Recteur, que, grâce au dévouement de tout le personnel du Lycée, grâce surtout à votre tout puissant patronage, notre bel établissement pourra bientôt revendiquer un rang des plus honorables parmi les lycées de la République.

M. le Recteur s'est levé et a remercié M. le Proviseur, dans une courte mais vibrante improvisation.

« Je remercie M. le Proviseur, a-t-il dit en substance, des paroles bienveillantes, trop bienveillantes qu'il vient de m'adresser ; mais je ne suis pas de son avis. Si je suis heureux de me trouver au milieu de cette population laborieuse et libérale de Guéret, au milieu de ces petits enfants que j'aime parce qu'ils sont l'avenir de la patrie, je crois néanmoins que vous auriez eu tout à gagner à voir, à ma place, le vaillant ministre de l'instruction publique, ou tout au moins un de ses lieutenants dévoués : M. Zévort, directeur de l'enseignement secondaire. Mieux que moi ils auraient pu vous dire les espérances que fonde l'Université sur notre nouveau lycée. Leurs travaux laborieux, leurs occupations si utiles les ont retenus à Paris, je le regrette vivement.

« Il y a dans les paroles de M. le Proviseur une assertion que j'accepte. Oui, j'ai toujours eu la foi dans les destinées du lycée de Guéret. Je me suis toujours dit qu'avec ce Maire et ce Conseil municipal si franchement dévoués à la cause de l'instruction publique, nous devions réussir.

« Il y a un an — Vous vous en souvenez, Monsieur le Maire, — nous visitions ensemble ce lycée qui n'était qu'un chantier. Après avoir mesuré par la pensée tout ce qui restait à faire, virilement envisagé les difficultés à vaincre, nous convînmes que le Lycée devrait s'ouvrir au mois d'octobre suivant. Nous nous sommes mis à l'œuvre, et nous avons tenu parole.

« Le Lycée est ouvert. Les populations si libérales de la Creuse démocratique ont répondu, au delà de nos espérances, à l'appel de l'Université. L'Université saura se rendre digne de leur confiance. Sans doute, il y a eu depuis un mois des imperfections, des tâtonnements inséparables de tous les débuts ; mais je sais, Messieurs les professeurs, — car je me suis fait rendre quotidiennement compte de ces débuts — avec quel zèle et quel dévouement vous vous êtes multipliés pour triompher de ces difficultés momentanées. Je suis heureux de vous en rendre publiquement témoignage et je le ferai plus complétement tout-à l'heure. »

Les applaudissements enthousiastes de l'auditoire ont accueilli cette éloquence facile et d'une chaleur communicative.

M. le maire s'est levé à son tour et, d'une voix émue, mais bien accentuée, a prononcé le discours suivant :

Mesdames et Messieurs,

Quand le gouvernement de la France fut confié, il y a trois ans, à des républicains, la municipalité de Guéret trouva enfin auprès d'eux un accueil favorable et un encouragement pour l'édification de notre lycée. Nous nous mîmes à la tâche avec l'ardeur qu'on apporte à la réalisation d'un projet caressé depuis longtemps et qui était devenu notre pensée unique parce que nous avions la conviction de faire une œuvre utile aux intérêts de notre ville et de notre pays.

Je ne vous dirai pas les obstacles que nous avons eu à vaincre, ni les difficultés qui se sont présentées dans la période d'exécution. Aujourd'hui tout doit être oublié car le succès a couronné nos efforts et dépassé nos espérances. Aujourd'hui nous avons ouvert les portes et nous pouvons dire à nos concitoyens, pour prix des sacrifices qu'ils se sont imposés : l'œuvre dont vous nous aviez chargés est accomplie, l'édifice dont on parlait depuis vingt ans est achevé.

A l'Etat nous pouvons dire également : en échange des subsides que vous nous avez si largement accordés, voici notre lycée ; nous vous le livrons avec 230 internes.

C'est dans ces sentiments de satisfaction profonde, M. le Recteur, vous qui représentez ici M. le Ministre de l'instruction publique, que j'ai l'honneur de vous prier de prendre possession, au nom de l'Etat, du lycée de Guéret.

Je suis heureux aussi de la solennité qui nous rassemble pour saluer en vous l'Université de France, qui a su garder, malgré les épreuves difficiles du passé, ses anciennes traditions d'indépendance et d'honneur; qui, par son enseignement, basé sur les principes essentiels de notre droit moderne, a conservé au pays sa véritable force et est devenue aujourd'hui une de nos plus hautes institutions.

On a si bien compris l'importance capitale de l'instruction dans notre société démocratique que, de toutes parts et sous la vigoureuse impulsion du gouvernement, il y a eu un élan superbe pour en assurer le développement à tous les degrés.

A quoi bon, en effet, donner des institutions libres à un peuple si en même temps on le laisse dans l'ignorance, si on ne développe pas son intelligence de façon qu'il comprenne la valeur de ces institutions qui doivent le porter vers le progrès et l'élever par la civilisation.

Aussi, quand nous voyons, comme de nos jours, les questions d'enseignement prendre le pas sur toutes les autres, disons-nous que nous marchons vers un avenir

assuré. L'avenir sera au plus sage. Cette parole profonde
a été justifiée par les événements, mais sa portée dépasse
les circonstances où elle a été prononcée. L'avenir qui est
devant nous doit être aussi au plus sage, au plus modéré,
au plus éclairé. C'est donc une raison pour développer
l'instruction qui est le plus solide appui de nos lois et le
plus sûr soutien de nos libertés.

Nous sommes en plein dans cette voie et le grand mou-
vement qui se produit en France, marquera notre époque
d'une date célèbre. J'en vois la consécration dans un fait
nouveau et qui restera mémorable ; je veux dire la présidence du Conseil donnée au grand maître de l'Université.
C'est là, un fait nouveau pour notre pays, où l'on a vu des
ministres, — et ils ont été parmi les plus grands, — se
préparer à la présidence du Conseil par la direction de
l'instruction, mais où jamais le gouvernement n'avait
voulu déclarer cette suprématie et dire au pays qu'il
dirige : l'instruction publique est la grande affaire, c'est
la première des charges de l'Etat.

Ce qui donne à cet événement une importance plus
grande encore, c'est qu'il se produit au plus fort d'une
campagne menée au nom de la société moderne, non-
seulement contre l'ignorance, mais encore contre un
esprit funeste qui voudrait nous ramener en arrière,
contre une vaste coalition rangée sous la même bannière
et qu'on appelle le cléricalisme. Cet événement équivaut
à une déclaration du gouvernement qui nous donne l'assurance que la loi sera obéie et que l'organisation de
l'instruction sera faite selon l'Etat et selon l'esprit national.

Nous nous en félicitons, car la mise en pratique de ces
idées répond au vœu le plus cher du Conseil municipal.
Animé depuis dix ans des sentiments républicains les

plus fermes, il a compris dès le premier jour que nos institutions ne pouvaient être fondées à jamais que par l'instruction, qui, en éclairant le peuple, lui apprend la modération ; qui forme des hommes dans la forte acception du mot, et que nul pays n'a plus besoin d'hommes que celui qui s'est constitué en république pour vivre et travailler dans la paix. Aussi n'a-t-il reculé devant aucun sacrifice, car, en donnant à l'instruction il était sûr de donner à la République.

Vous comprenez maintenant, Monsieur le Recteur, la cause de nos efforts et la raison d'être de nos sacrifices en faveur de ce lycée, à la construction duquel nous nous sommes dévoués tout entiers. Nous sommes assurés que les enfants qui y seront instruits recevront un enseignement conforme aux principes de la société moderne; qu'ils seront plus tard des citoyens dévoués corps et âme au gouvernement que la France s'est donné, car l'Université n'a plus ses preuves à faire : elle et la République se tiennent par la main.

Nous ne ferons point l'éloge de ce discours. Il se recommande suffisamment par lui-même, et les applaudissements qui l'ont accueilli en ont souligné d'une façon plus significative que nous ne saurions le faire le caractère discret, le tact mesuré et la modération dans sa ferme et énergique déclaration de principes.

A peine M. le maire s'était-il assis que la musique faisait entendre les notes patriotiques de la *Marseillaise* qu'elle a dû bisser sur le désir exprimé par l'assistance.

M. le Recteur s'est levé une seconde fois, et, d'une voix sonore, bien timbrée, sympathique, il a lu le discours suivant :

Monsieur le Maire, Messieurs,

Il y a un an, M. le Conseiller d'Etat, directeur de l'enseignement secondaire, présidant à l'inauguration du lycée de Bayonne — un frère aîné du vôtre — rappelait que, chez les peuples libres, l'ouverture d'une école était toujours considérée comme un événement heureux, presque comme un fait mémorable. Le culte de l'école, passionné, dirai-je, et comme superstitieux, qui n'est autre chose, aussi bien, que la plus raisonnable préoccupation de l'avenir ; le culte des grands hommes, l'admiration pieuse des vrais et glorieux bienfaiteurs de la patrie et de l'humanité, c'est-à-dire l'hommage au passé, dans ce qu'il a eu de bon et d'utile : vertus des peuples libres en effet, vertus chères aux démocraties pleines d'instincts généreux, pleines d'heureuses ardeurs, pleines de sève ; vertus par où se refont les grandes nations, par où se font et s'honorent les jeunes Républiques.

Le recommencement de cette année scolaire sera marqué, Messieurs, pour cette intelligente et laborieuse contrée de votre vieille Marche, pour ce patriotique et libéral département de la Creuse, par deux de ces heureux événements, bien dignes de souvenir en effet, plus qu'universitaires, véritablement politiques, par deux créations généreuses qu'aurait plus dignement célébrées, et avec plus d'autorité, la parole vive, sincère, émue du parrain du lycée de Bayonne, si nous avions eu la bonne fortune de pouvoir arracher M. Zévort, pour une journée

qui nous eût été courte et que nous aurions faite aimable pour lui-même, à tant de préoccupations, tant de
travaux et tant de fatigues.

Il y a quelques jours, vous fêtiez avec une légitime et
joyeuse solennité l'école supérieure de La Souterraine ;
aujourd'hui nous inaugurons le lycée de votre chef-lieu,
nous souhaitons la bienvenue à ce nouveau-né robuste,
plein de vie, de santé, d'avenir, et qui, âgé d'un mois à
peine, étouffe déjà dans son berceau.

Une grande école primaire laïque, destinée à prolonger
le travail, à relever les études, à stimuler les aptitudes
et — pourquoi non ? — les ambitions des humbles populations de vos campagnes, que ces progrès éveillent et
que tentent ces nouvelles ressources et ces facilités toutes
proches : œuvre excellente, messieurs, œuvre vraiment
démocratique, œuvre qui prêchera d'exemple et trouvera
des imitateurs ! Un vaste et bel établissement d'instruction
secondaire achevant l'ensemble de vos institutions péda-
gogiques et couronnant en quelque sorte votre édifice
scolaire, appelant, réunissant dans votre jolie petite
capitale, au cœur même du département, l'élite de votre
population enfantine et toutes les forces vives et jeunes
de cette industrieuse région, sollicitant par tous les attraits
l'amour-propre éclairé des pères de famille et le goût
intelligent des enfants, invitant le jeune écolier, au sortir
de sa classe primaire, à de plus hautes et difficiles études,
à une culture plus savante : œuvre noble aussi, celle-là,
œuvre grandement libérale, non moins égalitaire, non
moins démocratique ! car — j'aime à répéter ces mots-là
— nos enseignements sont solidaires, et, pour ainsi dire,
fraternels ; toutes nos écoles sont sœurs et se donnent la
main ; l'école primaire, messieurs, ce petit foyer local de

lumière pour les esprits et de moralité pour les cœurs, est en même temps la source vive et pleine où s'alimentent incessamment et le Lycée et le Collége ; nos lycées deviennent à leur tour comme la pépinière féconde où se développent les sujets pour notre enseignement supérieur. Par une sélection naturelle et que je crois vraiment équitable, les trois ordres de notre enseignement trouvent le meilleur de leur substance et le plus pur élément de leur vie dans le domaine inférieur : ils se peuplent, se recrutent, s'enrichissent les uns par les autres.

Vous avez cet honneur, Messieurs, qu'on doit compter votre pays parmi les plus libérales régions et les plus amies du progrès d'une grande nation devenue libre et qui n'a plus que ce souci et que cette ambition de se recueillir, de se corriger, de se réformer, de s'améliorer elle-même. J'aurais donc assez mauvaise grâce à insister longuement devant vous sur l'importance d'une œuvre qu'aussi bien vous n'avez entreprise que parce que vous la jugiez bonne, utile, féconde, digne de vous ; et je serais, ce semble, mal venu à en faire gratuitement ressortir les avantages et les heureux effets de toute sorte ; puisque vous ne l'avez menée à bien — à travers quelles péripéties et avec quelle ténacité, avec quel bon vouloir de tous, et de vos représentants des deux Chambres et de votre ville et de son chef ! — que parce qu'elle était noble et bienfaisante.

Toutefois, Messieurs, il est un point de vue spécial où je voudrais que vous me permissiez de me placer pendant quelques instants, à côté, sinon en dehors des préoccupations purement scolaires, et tout proche de la politique ; il est un mot que je tiens à dire, une réflexion que je veux faire, parce qu'elle poursuit sans doute chacun de nous

tout bas, et que jamais peut-être il n'a été plus opportun
qu'à cette heure de s'entendre tout haut sur ce point :
c'est que, s'il y a lieu de vous féliciter, comme je le disais
tout à l'heure, d'avoir fait œuvre de lumière, œuvre de
moralité, œuvre de saine démocratie, en ouvrant à l'enfance et à la jeunesse, sans distinction de rang ni de
fortune, cette maison de science et de travail, d'honnêtes
et loyaux sentiments, de concorde et d'égalité fraternelle,
il convient de vous remercier plus encore d'avoir fait
œuvre nationale, œuvre laïque, si je puis dire, œuvre de
défense sociale, en élevant, en face de ces vieilles forte-
resses, ruinées mais encore menaçantes, où se retranche
désespérément un passé pour jamais condamné, cette
jeune et vivante citadelle de l'esprit et des idées modernes,
ce rempart de toutes les conquêtes, ce boulevard de tous
les principes immortels que nous ont légués nos pères de
1789, ce poste avancé de l'avenir.

Qu'est-ce à dire, Messieurs, et quel langage armé en
guerre ? Pourquoi des mots qui sonnent si belliqueusement
en parlant de l'asile discret et paisible des Muses ? Pourquoi dénaturer, par des images, d'ailleurs d'une inoffen-
sive rhétorique, ces chères maisons joyeuses, studieuses,
pacifiques, en je ne sais quels camps retranchés tout
bourdonnants de fièvre guerrière, tout agités d'apprêts
de combat ? J'imagine en effet, Messieurs, que ces méta-
phores innocentes n'inquiéteront ni ne tromperont personne. L'Université ne connaît point toutes ces ardeurs
militantes et ces allures provocatrices. Elle est, comme la
patrie elle-même, sincèrement éprise de travail, préoc-
cupée d'étude, désireuse de progrès intérieurs, avide
d'une paix laborieuse. Elle ne menace personne ; elle
n'attente point aux droits ni au domaine d'autrui. Mais il

est, devant l'ennemi, pour les individus de même que pour les peuples, des devoirs et des droits spéciaux de vigilance défensive et d'activité protectrice. Et la paix, ce premier des biens, n'est peut-être tout à fait sûre que pour qui prépare la guerre, et pour qui, ne cherchant point la lutte, s'est mis en mesure de ne la point craindre. L'Université aussi bien, cette fille bien-aimée de l'Etat, eût peut-être manqué à tous les devoirs que lui impose ce glorieux titre, si, lésée dans ses anciens droits, frustrée dans ses antiques privilèges, harcelée, insultée chaque jour, assiégée dans ses frontières légitimes, menacée dans son existence même, elle n'eût pris contre ces attaques, contre de nouvelles violations, de nouveaux démembrements, de nouvelles rançons de ses défaites, toutes ses précautions et toutes ses mesures ; et sans doute il lui est permis, à elle comme à la République, de se mettre à l'abri de toute surprise, de fortifier ses points faibles, de multiplier ses citadelles, d'améliorer sa tactique, son outillage, son armement ; il lui est permis de se défendre, sûre qu'elle défend en même temps — et bien plus encore qu'elle-même, — et les droits souverains de l'Etat et les principes où repose toute notre société moderne.

C'est ce droit précisément, ce droit de légitime défense, que je voudrais établir ici par un retour sur le passé qui ne sera peut-être point sans profit ni sans intérêt ; c'est cette conduite, et, comme on dit dans la diplomatie, cette attitude, que je tiendrais à expliquer, Messieurs, par une rapide étude rétrospective qui la justifiera devant vous. Sur qui pèse la faute de ce redoutable état de choses, de cet état de guerre, en effet, qui partage, qui trouble, qui exaspère ce grand pays ? Dans ce duel acharné, qui met le passé et l'avenir aux prises, qui donc a provoqué, qui donc a été l'agresseur? Sur qui devra retomber la responsabilité, bien lourde, de ces divisions et de ces haines? Qui donc a commencé ces hostilités douloureuses et comme cette sourde lutte civile? Qui donc a osé faire la plus cruelle des blessures au sein même de la patrie?

Messieurs, la vieille et grande Université de France vivait en paix, faisant heureusement fleurir toutes les branches de l'enseignement public. Le 18 juin 1848, M. de Falloux, le ministre le plus dévoué à l'Eglise, comme disaient ses amis, que la France eût possédé depuis longtemps, présenta à l'Assemblée législative un projet de loi relatif à la liberté d'enseignement. C'est ce projet qui, deux ans plus tard, devenait, — après quelles discussions mémorables, après quelle lutte envenimée, après quelles alternatives, dans l'un et l'autre camp, d'espérances et d'anxiétés, de désespoirs ou de joies triomphantes! — cette loi du 15 mars 1850, qui nous régit encore aujourd'hui.

Chose étrange! Parmi les libéraux d'alors, — je veux dire, car il faut s'entendre, ceux qui tenaient pour la liberté d'enseignement et la liberté de l'Eglise, — ce projet, dont les plus clairvoyants d'entre eux disaient si justement que la haine de l'ennemi suffisait à en indiquer la portée et le caractère, ne laissa pas de rencontrer des hésitations, des craintes, des défiances qui en compromirent le succès et qui faillirent même, à un moment donné, après une demi-défaite parlementaire, un renvoi au Conseil d'Etat, que le parti appela le déplorable vote du 7 novembre, en déterminer la ruine.

Il fallut calmer ces scrupules, consoler ces consciences inquiètes, raffermir ces dévouements émus, rassurer ces impatiences et ces avidités ombrageuses. Alors s'élabora, je ne saurais trop vous dire où, Messieurs, ni par quelle

association de plumes fidèles, un document étrange, mys-
térieux, qui, daté de Paris, ce 8 décembre 1849, fête de
l'Immaculée-Conception, et soumis humblement au
saint-père et à nosseigneurs les évêques, n'était, en
aucune manière — c'était là le premier des avis au lecteur
— destiné à la publicité. C'était, sous le titre modeste de
*Mémoire sur le projet de loi relatif à la liberté d'en-
seignement*, une sorte de consultation discrète et récon-
fortante, à l'adresse des mécontents et des tièdes, faite
pour passer silencieusement de main en main, pour insi-
nuer, de proche en proche, une confiance qui menaçait de
s'évanouir et qui semblait faire défection, pour stimuler
une foi qui devenait trop peu agissante et comme incré-
dule au succès. On y examinait, on y discutait, on y éclair-
cissait respectueusement les points contestés ; on es-
sayait doucement de répondre aux objections soulevées
par une controverse *aussi affligeante qu'inattendue* ;
on reconnaissait sincèrement les inconvénients du projet, on en confessait douloureusement les insuffisances.—
Hélas ! ni l'Université, sans doute, ni l'enseignement
public et laïque n'étaient encore détruits absolument ni
radicalement supprimés ! — Mais par quels avantages cer-
tains se rachetaient des inconvénients inévitables ! Ces
imperfections mêmes, on les réparerait avec le temps, *en
saisissant avec intelligence et avec charité toutes les
occasions d'être utile et de faire le bien.* En somme, combien le clergé — car il fallait prononcer le mot — ne
serait-il pas *injuste* d'exiger l'impossible, *inconséquent* de
rejeter ce qu'il avait demandé, *aveugle* de repousser des
avantages inespérés, *insensible aux maux de la société*
de refuser sa compassion et son secours à des nécessités,

à des misères, à des repentirs qui avaient si grand besoin de lui !

Messieurs, ce document inouï, invraisemblable, et, pour vous dire toute ma pensée, par dessus toute chose effrayant, vaut peut-être la peine que nous nous y arrêtions quelques instants, que nous le parcourions rapidement, et que nous en étalions au jour, où le hasard vient de le remettre (1), les arrière-pensées, les tendances secrètes, les ambitions et les convoitises inavouables. Eclairé de vos lointains souvenirs, comme de vos impressions récentes, et de vos anxiétés, de vos colères, de vos indignations d'hier même, nul document ne vous expliquerait mieux l'histoire intérieure des trente années qui nous séparent de l'année 1850.

Le Mémoire présentait d'abord, et cela, sous les plus sombres, sous les plus lugubres couleurs, l'état de l'enseignement en France.

La situation de l'enseignement, Messieurs, deux mots suffisaient à la peindre : de l'aveu de tous les catholiques, elle n'était plus tolérable. « C'est la ruine de la foi et des mœurs ; c'est le plus grand péril de la Société ; c'est un objet de douleur et d'anxiété incessante pour l'Eglise depuis cinquante ans. Et le mal est ancien : il date de l'organisation de l'Université impériale. »

Dans l'enseignement secondaire, le monopole universitaire plus tyrannique que jamais depuis 1830 ; les congrégations religieuses exclues de toute participation à l'enseignement, et placées sous le coup de mesures exceptionnelles et odieuses ; les petits séminaires, cette pépinière du sacerdoce — pépinière sacrée, je le veux bien, mais qui dégénère fréquemment en un profane ou

(1) *Journal général de l'instruction publique,* 11 sept. 1830.

même en un vulgaire pensionnat — gémissant sous des
entraves de toutes sortes ; l'exigence du certificat d'études
privant de toute carrière civile les élèves des maisons
religieuses ; nulle maison d'éducation chrétienne ne pou-
vant librement s'établir ; les conditions de grades, d'examen, de capacité, d'inspections, devenues plus onéreuses
et plus vexatoires que jamais — des conditions de grades
et de capacité pour des maîtres de la jeunesse ! — les
programmes, les méthodes, les réglements, les livres, la
discipline intérieure, tous les détails les plus délicats de
l'éducation soumis aux assujettissements les plus péni-
bles.... oui, l'Etat regardant à tout cela et même préten-
dant y voir clair ! — Dans l'enseignement primaire, le mal
dépassant toute mesure ; les écoles normales n'étant plus
que des séminaires de socialisme et d'irréligion ; les
maîtres d'école, indépendants, inamovibles, devenus dans
chaque village — ces braves gens ne s'en doutaient guère
— les plus dangereux ennemis de la Société, les antago-
nistes officiels des ministres de la Religion, — qui le
leur ont rendu, à ce qu'il semble ; — les congrégations, si
nécessaires à l'éducation chrétienne du peuple, impuis-
santes à s'y dévouer — le Mémoire a très-grand souci
des congrégations religieuses ! — Bien plus, les personnes
charitables n'ayant même pas le droit d'instruire — gratuitement, vous m'entendez bien, — les petits enfants
des pauvres gens, si ce n'est au prix de l'amende et de la
prison ! — En un mot, une corporation toute puissante,
irresponsable, privilégiée, dotée, rentée — il y aurait à
dire sur ce point — unique et souveraine maîtresse de
l'éducation de la jeunesse ; sous ce détestable régime et
dans cette atmosphère empoisonnée, les âmes se perdant,
les mœurs disparaissant, les générations nouvelles cor-

rompues et mourantes, la perte de toute foi, l'absence
de toute notion morale, l'impatience de tout joug et de
toute autorité, la ruine du respect, le mépris de la loi, la
folie de l'indépendance et de l'orgueil — j'abrège, par
égard, par pudeur, par compassion pour l'Université —
enfin, je ne sais quel *démocratisme* sauvage — à de si
grands scandales, à une perversité sans exemple, peut-
être, en effet, fallait-il des mots nouveaux venus dans la
langue, inconnus, extraordinaires — un sauvage démocratisme niant tout pouvoir divin et tout pouvoir social :
tel était selon des juges assurément impartiaux, mais par
trop chagrins et sévères, pour des hommes dont le libéralisme était décidément irréconciliable et ne savait point
transiger, le déplorable état de choses qui durait depuis
un demi-siècle, et qui se perpétuait malgré les chartes,
les institutions et les révolutions ; qui résistait à tout, qui
se fortifiait au milieu même des attaques, que jusqu'alors
rien n'avait pu renverser ni entamer, et que M. de
Falloux, le premier, avait courageusement essayé de
changer.

Or, Messieurs, pour porter remède à une situation si
douloureuse, les amis de l'Eglise ne demandaient guère
que trois choses :

1° L'affranchissement des petits séminaires ;

2° La liberté de l'enseignement privé, soit secondaire,
soit primaire ; — en attendant apparemment celle de
l'enseignement supérieur ;

3° La réforme de l'enseignement public lui-même ; —
autant, ajoutait-on par une formule ambiguë et qui
donne assez à penser, autant que cette réforme était
possible.

Eh ! bien, était-ce donc, demandait le triomphant Mémoire, que sur ces trois points fondamentaux la loi future n'accordât point les satisfactions légitimes, ou plutôt les représailles vengeresses?

Ecoutez, Messieurs, écoutez ce cri de victoire et cette énumération insultante des dépouilles conquises sur l'ennemi et des places emportées de vive force !

Les ordonnances de 1828 — apparemment, à cette date, entachées de libéralisme, — sont abrogées !

Le certificat d'études n'est plus exigé !

Les petits séminaires sont affranchis !

Les grades obligatoires pour tous ceux qui veulent enseigner sont abandonnés ! — O la bienfaisante mesure !

Les congrégations religieuses cessent d'être exclues du droit commun ! Et cela reconnues ou non reconnues ! sans en excepter les Jésuites, *expressément nommés*, remarque-t-on ; les Jésuites, en qui s'est personnifiée, cette fois comme à l'ordinaire, toute la question et toute la lutte !

La liberté de l'enseignement charitable est proclamée !

L'inamovibilité des maîtres d'école est abolie ! — Pauvres gens, leur martyre commence ! — L'instituteur est remis sous la surveillance immédiate et spéciale du curé, non seulement en ce qui regarde la Religion, mais aussi pour la direction morale de l'enseignement primaire.

Les écoles normales disparaissent ! Et le brevet fait place à la lettre d'obédience !

Le monopole de l'enseignement est renversé !

La corporation, la hiérarchie universitaire, sont elles-mêmes profondément modifiées et transformées !

La centralisation gouvernementale et administrative de l'Université disparaît !

Enfin, et — Dieu en soit loué ! — la Société en péril et

l'Etat menacé font appel à l'Eglise et l il demandent son secours pour opérer de concert avec elle la réforme de l'instruction publique !

En vérité, messieurs, j'ai peur d'abuser de cette analyse et de m'attarder à ces détails ; et cependant il semble qu'il y ait là, pour nous tous, comme par une dernière et définitive leçon, un si redoutable avertissement, et de si vives lumières aussi jetées sur les choses mêmes d'aujourd'hui, que je vous demande la permission de ne point écourter outre mesure, même au prix de quelque lenteur, cette curieuse et profitable étude. Aussi bien n'insisterai-je plus que sur les points essentiels et sur celles de toutes ces questions qui ont gardé, à l'heure qu'il est, tout leur intérêt immédiat et toute leur gravité actuelle.

A lire ce document vraiment extraordinaire, et qui, daté en vain de l'an 1849, porte dans le fond et dans la forme toute l'inspiration fanatique, et toute la barbarie d'un autre âge, il se produit une impression bizarre, et qui m'a paru bien frappante, laquelle, une fois qu'on l'a ressentie, s'empare de l'esprit du lecteur, l'accompagne d'un bout à l'autre et ne l'abandonne plus. C'est comme une perpétuelle et mordante ironie qui monte spontanément de ces pages, qui les transforme, les transfigure, leur donne, par endroits, je ne sais quel faux air des *Petites Lettres* ; — je me trompe, et que Pascal me pardonne ! — qui les grossit, qui les pousse à l'excès, à la charge, à la caricature. Oui, tout cela s'échappe et sort, bon gré, mal gré, de ces naïves joies du succès, ou bien plutôt, dirai-je, de ces épanchements intimes et de ces exubérances indiscrètes d'une ivresse victorieuse et qui aussi bien était faite pour demeurer confidentielle et en quelque sorte domestique. Une fois tourné de ce côté, et comme orienté dans ce sens, l'esprit ne peut plus voir autre chose.

Et, à vrai dire, où trouverait-on comme un acte d'accusation plus pressant, allant plus droit au but, portant à tout point faible des coups plus serrés et plus sûrs; où trouver une condamnation plus juste, plus forte de motifs, déduite plus logiquement et plus impitoyable de cette prétendue liberté promise par le projet de loi, que dans ce commentaire imprudent, — j'avais envie de dire impudent, — que dans cette interprétation, dépouillée de tout artifice, des principaux articles de la loi et des maîtresses considérations du rapport?

Je n'ai point à changer un mot : les choses parleront d'elles-mêmes.

S'agit-il, par exemple, de toute cette série de clauses propices qui assurent et consacrent l'affranchissement tant souhaité des petits séminaires? Écou... 'e commentateur :
« Les petits séminaires demeurant des écoles ecclésiastiques spéciales, conformément aux décrets du saint concile de Trente, sous l'autorité, sous la direction immédiate des évêques, les supérieurs, non plus que les professeurs, ne sont assujettis à aucune condition légale d'examen, de capacité, de moralité ni de stage.

« Quant à la surveillance, dont le mot n'a pas pu être retranché de la loi, *parce qu'il est dans la Constitution*, on a du moins obtenu :

« Qu'elle fût purement d'ordre public ;

« Qu'elle ne pût s'étendre ni à l'éducation religieuse, ni aux règlements disciplinaires, ni à l'enseignement et aux programmes d'études ; » — Hé! messieurs, sur quoi portait-elle ?

« Qu'elle fût restreinte à ce qu'on est convenu d'ap-

peler* — nous n'aurions pas, nous, de ces trouvailles
irrévérentes — à ce qu'on est, dis-je, convenu d'appeler
le respect des lois, la moralité publique et l'hygiène.

« Enfin le Gouvernement devra *se concerter avec les
évêques* pour exercer cette surveillance d'accord avec eux
et de manière à ne froisser en rien *les droits* de l'Episcopat. » En vérité, Messieurs, si l'Episcopat se fût froissé
d'une pareille surveillance, il se serait montré bien injus-
tement susceptible. Un tel régime pouvait s'appeler le
régime de l'affranchissement, et l'Université, plus modeste, se serait estimée libre à moins !

Soit, disaient quelques incrédules, les libéraux à toute
outrance qui taxaient de loi illibérale une loi qui avait
mine encore d'imposer quelques conditions à la liberté
qu'elle donnait. Passe pour les petits séminaires, maisons
épiscopales, maisons privilégiées ; mais les autres établissements obtenaient-ils donc, dans le fait, l'indépendance que la loi avait l'air de leur attribuer ? — La Constitution, confessait le pieux Mémoire, en proclamant la
liberté d'enseignement, a exigé *impérieusement* que cette
liberté fût soumise à des conditions de capacité, de moralité, que sais-je ?...

« La loi qu'on attaque ne pouvait donc supprimer ces
conditions, elle ne pouvait que les réduire. Eh ! bien, elle
les a réduites : — Ne croyez-pas, Messieurs, que j'in-
vente : j'aime bien mieux citer textuellement. —

« A rien pour les petits séminaires. » Pourquoi
donc pensé-je à Molière ? Et rien, comme il dit quelque
part,

Veut dire rien ou peu de chose.....

« A rien, pour les petits séminaires ;

« A rien pour tous les professeurs, préfets d'études et de discipline, maîtres et surveillants, quels qu'ils soient ; *aucune condition quelconque* n'est imposée à aucun d'eux.

« Et presque à rien pour le chef de l'établissement ; car, en fait de garantie de capacité, on ne peut descendre au-dessous du baccalauréat, le plus infime des grades. » — Mais, Messieurs, je n'oserais pas parler avec cet irrespect du plus modeste de nos diplômes ; aussi bien c'est par dédain peut-être que l'enseignement libre s'en passe comme du brevet de capacité.

Quant au stage, — vous savez tous, Messieurs, n'est-ce pas, ce que c'est que ce temps d'épreuve et quelle peut être l'utilité de cette manière d'apprentissage, — quant au stage, on le reconnaissait, la loi semblait avoir ici des exigences impitoyables mais peut-être, à lire entre les lignes, était-elle moins draconienne qu'elle n'en avait l'air tout d'abord. Le stage aurait pu, il est vrai, être de trois années seulement ou même, pour plus de commodité, être absolument supprimé. « Mais on a pensé avec raison, ajoutait gravement le Mémoire, que pour gouverner toute une maison d'éducation, il fallait avoir au moins quelque expérience de ces grandes et difficiles questions. » — On ne saurait vraiment mieux dire. — « D'ailleurs, on a établi que le stage serait valable, qu'il eût été fait dans les établissements libres ou officiels, ecclésiastiques ou laïques ; et — ce qui serait plus simple encore — que le Conseil supérieur pourrait en dispenser les hommes dignes de cette faveur..... Ce sera là un acte de justice — justice est tout à fait le mot propre — qui attirera vers la carrière de l'enseignement les hommes que nous désirons le plus y voir entrer. »

Et voyez aussitôt, Messieurs, quelles heureuses consé-
quences pratiques et quels résultats immédiats décou-
laient instantanément de ces facilités de procédure, de
cette simplification du régime, de cet allégement des dos-
siers, de cet abaissement de toutes barrières.

« Il suffirait donc, par diocèse, par département, d'un
seul stagiaire — et vous savez maintenaut, Messieurs, à
quel prix on devenait stagiaire — si ce stagiaire est pourvu
d'un diplôme de bachelier — et non pas même, Messieurs
— d'un simple brevet de capacité, pour établir en France,
et immédiatement, si l'on veut, 86 collèges de plein exer-
cice, indépendamment des 110 ou 120 petits séminaires
actuellement existants et affranchis. Ce sont donc 200
maisons d'éducation chrétienne qui pourraient immédiatement exister, et où les familles trouveraient enfin, pour
leurs enfants, avec les lettres et les sciences, la Religion,
les mœurs, et toutes les garanties d'un enseignement
également brillant et solide. » — Brillant et solide, solide
surtout, c'est bien le mot, avec toutes les garanties, en
effet, dont nous venons d'énumérer ou l'atténuation
hypocrite ou la suppression pure et simple.

Et je voudrais, Messieurs, que vous eussiez pu, comme
moi, étudier dans le texte même cet art de présenter les
choses, d'appuyer sur les expressions, de marquer les
passages, même pour les yeux du lecteur, de souligner
les mots à double entente, de mettre en un heureux
demi-jour les secrètes intentions. Voulez-vous un dernier
exemple du procédé, de la méthode ? Une objection s'était
produite, toute pleine d'une libérale méfiance et d'une
indépendance jalouse. Si l'Etat pourtant, disait-on, ne doit
avoir sur les écoles privées qu'un simple droit de surveillance et d'une surveillance si étroitement circonscrite,

pourquoi donc est-il question dans la loi de programme d'étude, de méthodes, de règlements ?

« La réponse est facile, dit le Mémoire, qui n'en revient pas de ce scrupule et sourit de ce malentendu ; il suffit de lire la loi. Il est question de règlements ; mais c'est seulement pour les établissements d'instruction *publique,* pour les écoles *officielles ;*

« Si, dans l'article 12, il est parlé de réformes à introduire dans l'*enseignement,* la *discipline* et l'*administration,* cet article exprime formellement qu'il ne s'agit là que des écoles *publiques.*

« Il est question de méthodes ; mais c'est pour dire *qu'elles sont* et doivent demeurer libres, et que, sur ce point, l'instituteur n'a de comptes à rendre qu'aux familles.

« La délicatesse, à cet égard, et le respect pour la liberté —ces gens, en vérité, ont le génie de ces euphémismes!— ont même été portés si loin qu'on a renoncé à donner aux inspecteurs le droit de s'enquérir des méthodes, *ne fût-ce que pour les constater,* parce qu'on a craint l'abus possible. »

Et le Mémoire qui triomphe, aussi bien avec modestie, conclut à peu près en ces termes.

Sans doute le mal n'est pas anéanti : l'Université n'est pas morte, mais ne l'a-t-on donc pas détruite, autant qu'on pouvait la détruire, en la détruisant comme corporation ? Pouvait-on donc aller plus loin ? Supprimer 500 collèges, destituer 6,000 fonctionnaires de l'instruction secondaire et 40,000 instituteurs relevant de l'Université : c'était tentant peut-être, mais quel bouleversement énorme, et surtout irréalisable ! « Sans doute on pourrait désirer que l'instruction publique fût entièrement et exclusivement confiée à l'Eglise ; que, du moins, dans le Conseil supérieur, il y

eût douze ou quinze évêques au lieu de trois ; que dans
les conseils départementaux on ne comptât que des prêtres,
des religieux ou des catholiques fidèles ; qu'en l'absence
absolue de tout grade, de tout brevet, de tout diplôme, un
stage de quelques semaines répondît aux conditions qu'exige
la Constitution pour la capacité et la moralité. Tout cela
eût peut-être été parfait ! — Tout cela, c'eût été l'âge
d'or ! Hélas, tout cela n'était-il donc pas impossible !

« Ah! combien serait-il plus sage, plus avisé, plus opportun de reconnaître les avantages, disons-le vrai mot, les
biens inespérés qu'apporterait la nouvelle loi !

« Non-seulement la liberté d'enseignement primaire et
secondaire est établie aux conditions les plus faciles et
les plus simples ;

« Non-seulement les petits séminaires sont affranchis ;

« Non-seulement la corporation et l'ancienne hiérarchie universitaire se dissolvent dans une profonde trans-
formation ;

« Non-seulement la centralisation gouvernementale et
administrative est abolie par la création des conseils
départementaux ;

« Non-seulement c'est la société elle-même qui se
substitue à l'Université, à l'Etat, pour le gouvernement et
la surveillance de l'instruction publique ;

« Mais de plus :

« C'est le clergé de France tout entier, représenté dans
le Conseil supérieur par les trois évêques, élus de tous
leurs collègues ;

« Représenté dans les conseils départementaux par les
quatre-vingt-un évêques et par les quatre-vingt-six ecclésiastiques de leur choix ;

« Représenté dans toutes les paroisses par les quarante

mille curés exerçant sur l'instruction primaire l'action la
plus immédiate, la plus constante, la plus salutaire ;

« Aidé d'ailleurs de tous les ecclésiastiques et de tous
les laïques fidèles, qui entreront dans l'enseignement
libre autant qu'ils le voudront ;

« Aidé aussi de toutes les congrégations religieuses,
reconnues et non reconnues par l'Etat, et qui entreront
également, autant qu'il conviendra à leur zèle, dans
l'enseignement primaire et secondaire ;

« C'est le clergé de France, avec toutes ses forces les
plus élevées, les plus libres, les plus puissantes, qui est
invité par l'Etat lui-même, par les grands pouvoirs de la
nation, à venir au secours de la Société menacée, en demeurant d'ailleurs dans toute la plénitude de ses droits. »

Ah ! le Mémoire avait bien raison : la loi donnait d'un
coup tout ce qui avait été demandé, tout ce qui était
possible, tont ce qui était urgent. Le reste, avec le temps,
le reste viendrait par surcroît. Retenons bien, Messieurs,
retenons ces dernières paroles : « L'Eglise ne discute pas
tant, mais elle travaille davantage ; elle travaille cons-
tamment et partout. Quand le terrain est mauvais, elle
y prend plus de précautions, et l'arrose de plus de sueurs.
Quand elle ne peut poser trois pierres l'une sur l'autre,
elle en pose une, puis deux. — A quoi bon ces pierres,
disent les oisifs et les critiques ? — Et c'est sur ces
pierres, assemblées au milieu des tempêtes, que les révolutions passent, que les nations se rasseient, et que
tôt ou tard se relève l'édifice renversé de leur prospérité
et de leur grandeur ! »

Messieurs, tel était le rêve qu'en l'an de grâce 1849
faisaient les amis de l'Eglise, farouches amis de la liberté ! — Et ce rêve s'est réalisé. Moins de vingt ans

après la loi de 1850, en 1868, lorsque, sous le libéral et vaillant ministère de M. Victor Duruy, l'on étudia la statistique de l'enseignement secondaire public et libre, on découvrit, non sans effroi, que, pendant les seules onze années qui s'étaient écoulées de 1854 à 1865, l'enseignement libre avait perdu 168 maisons laïques et qu'il pouvait compter en plus 22 maisons ecclésiastiques.

Une statistique plus récente amena la même découverte. « Si l'on compare, disait le rapport de l'honorable M. Bardoux, la situation des établissements libres, en 1876, et en 1865, on remarque une grande analogie avec les faits qui se sont produits de 1854 à 1865 ; c'est-à-dire que, pendant la période des onze années qui viennent de s'écouler (de 1865 à 1876), 163 maisons laïques ont disparu, et il y a eu en plus 31 établissements ecclésiastiques. » Le nombre total des élèves était, dans l'une et l'autre année, resté sensiblement le même : il formait aussi bien un effectif considérable, 78,000 environ. Seulement, pendant que la population scolaire diminuait, dans les établissements laïques, de 12,000 élèves à peu près, elle s'accroissait du même chiffre dans les maisons ecclésiastiques, qui, dans leurs internats surtout, s'enrichissaient de ces transfuges, et comptaient, à ce dernier recensement, plus de 33,000 pensionnaires et près de 47,000 élèves.

Les congrégations enseignantes, les évêques, les prêtres séculiers et de rares ministres des autres cultes se partageaient inégalement cette importante clientèle. Il est curieux de rechercher quels ont été, d'un recensement à l'autre, les pertes ou les gains respectifs de ces émules ardents, de ces concurrents jaloux.

Le nombre des établissements placés sous l'autorité des

évêques était de 70 en 1865, et la population scolaire de ces écoles diocésaines était de plus de 9,000 élèves ; en 1876, il y a 21 écoles épiscopales de plus, et elles comptent plus de 12,000 élèves. Les évêques sont donc en gain et paraissent se trouver bien de cet heureux affranchissement des séminaires, sur lequel insistait si victorieusement le Mémoire.

En retour, les prêtres séculiers et les ministres des autres cultes ont décliné un peu et se sont appauvris : leurs maisons d'éducation étaient naguère au nombre de 165 ; 152 appartenaient au culte catholique et 13 aux autres cultes ; on y comptait plus de 16,000 élèves. En 1876, les établissements de cette nature ne sont plus qu'au nombre de 129 : 122 appartiennent au culte catholique et 7 au culte protestant, et l'on n'y compte plus guère que 14,500 élèves. Les temps et la mode ont changé, et la grande vogue a passé aux congrégations enseignantes.

Là regorgent toutes les écoles, au détriment des maisons rivales, j'entends des maisons séculières, tout comme s'emplissent les chapelles, pour le plus grand dommage et la grande mortification des églises. Jésuites, Maristes, Lazaristes, Basiliens, Picpuciens, Doctrinaires, prêtres de l'adoration perpétuelle, prêtres des Sacrés Cœurs de Jésus et de Marie, frères de saint-Joseph, ne possédaient à eux tous, en 1865, que 43 établissements ; ils en possèdent 89 en 1876. Ils n'avaient que 9,500 élèves : ils en annoncent fièrement 20,000. Ils ont plus que doublé, en onze ans, le nombre de leurs maisons comme le chiffre de leurs élèves. Les seuls Maristes ont fondé sept maisons nouvelles ; mais les Jésuites n'eussent plus été eux-mêmes, s'ils n'avaient pas fait mieux que les Maristes : ils comptent, eux, — je me trompe, Messieurs, ils comptaient — 13 nouveaux établissements, ce qui leur en faisait 27. Les Maristes vaincus n'arrivaient qu'à 22 écoles. J'ajouterai ce dernier détail: dans notre Académie du Centre, le nombre des établissements libres ecclésiastiques n'avait point varié, d'un recensement à l'autre; l'ennemi n'avait point avancé. Mais la Seine, les Bouches-du-Rhône, le Rhône, la Gironde, la Haute-Garonne, le Nord, la Seine-Inférieure, l'Hérault, payaient tristement la rançon de notre vieux Plateau central !

Messieurs, il était temps de prendre des mesures protectrices ! Sous la direction de 3,000 maîtres, qui mettent pour ainsi dire leur gloire à mutiler en eux les plus légitimes sentiments de la famille, de la patrie, de l'humanité, à qui, je le disais récemment, manquent cette joie et cet honneur du foyer domestique; qui, ayant été fils, aiment mieux ne point être pères; qui, oubliant les ineffables joies de la première enfance et le coin du feu maternel, ne consentent point à leur tour à créer un de ces chers abris pour les leurs; qui, les regards tournés vers je ne sais quelle patrie lointaine ou céleste, oublient et méconnaissent leur vraie patrie, qui est la France, 50,000 de nos enfants, captés par tous les artifices et toutes les séductions de la plus habile propagande qui fut jamais, apprennent apparemment leurs devoirs d'hommes, de pères et de citoyens ! Or, messieurs, s'il est vrai que l'école soit la préparation de la vie et que les impressions qu'on y a reçues persistent, bonnes ou mauvaises, en harmonie ou bien en lutte avec le milieu dans lequel la vie doit s'accomplir; s'il est vrai que l'Université vive de cette vie commune de tous; que, sortie comme elle est des entrailles de la Société, elle soit pour ainsi dire la société elle-même, enseignant, élevant, sachant ce qu'elle

veut et où elle va ; si l'éducation est bien l'art de préparer
pour l'heure actuelle et des citoyens et des hommes qui
soient de leur temps et de leur pays, qui donc mieux que
l'Université, cette noble et grande corporation, qui, elle,
est demeurée humaine et française, s'acquitte de cette
tâche bienfaisante et peut se piquer de cet honneur ?

Ce que demande l'heure présente, ce qu'exige le régime
nouveau que la France a voulu se donner, ce que réclame
notre pays, retrempé par ses malheurs, renouvelé et
comme rajeuni, ce sont les citoyens sérieux d'une démocratie libérale, égalitaire, fraternelle, serviteurs quand
même de la loi, conscients de leurs droits et pénétrés de
leurs devoirs, jaloux de leur liberté propre et respectueux
de celle des autres ; ce seraient, s'il le fallait, les défen-
seurs virils et résolus d'une grande nation pacifique, qui
entend être désormais tranquille et respectée au dedans
comme au dehors ; ce sont aussi, dans cette vieille terre
héritière de Rome et d'Athènes, des hommes épris de
tout ce qui est bien et de tout ce qui est beau : de l'art,
des lettres, de la science ; de tout ce qui éclaire, de tout
ce qui pare et ennoblit l'âme humaine. Ce sont par dessus tout des hommes sincères et moraux, de braves gens,
des maris, des pères.

Eh ! bien, mes chers enfants, j'en atteste vos souvenirs,
dites-nous si les leçons de votre vieux collège, auquel
j'aime, en passant, à donner ce reconnaissant souvenir,
comme les leçons de ce lycée nouveau, dites si dans votre vie
d'élèves, dans ce monde d'idées et de sentiments où elle
s'écoule, tout n'est pas comme rempli, pénétré, imprégné
de cette mâle et robuste éducation civique ; si tout, dans
notre enseignement, dans nos paroles et dans nos actes,
n'est pas comme inspiré de cette moralité supérieure.

Dites-nous bien ce que c'est qu'un lycée, école d'égalité et de sens politique, où travaillent et jouent côte à côte, où se confondent tous nos enfants, promettant ainsi au pays des générations bien compactes d'hommes unis par les mêmes idées et par un même esprit, vivant des mêmes sentiments et du même cœur ; école de grands exemples et de patriotisme, puisés à toutes les sources pures et vivifiantes ; école de lumière et de libre examen ; école de justice et de sincérité, de loyauté à toute épreuve ; école de toutes les idées saines et vraies, de toutes les admirations généreuses, de tous les naturels et humains sentiments.

Messieurs les Professeurs, c'est votre grand honneur que j'aie pu ainsi, sans vous nommer, faire de vous le plus équitable et le plus solide des éloges, et vous faire reconnaître ici de tout le monde. Mes chers enfants, c'est votre bonne fortune, et ce sera plus tard votre force que de faire de la vie un si fécond apprentissage.

Messieurs, au moment où je vais, non sans une véritable émotion, recevoir de la ville de Guéret le lycée qu'elle offre à l'État et qui devient *lycée national*, je sens redoubler mes regrets qu'un ministre éminent, sympathique, défenseur courageux, résolu de cette chose sacrée, l'obéissance aux lois, retenu loin de nous par les travaux qui pèsent et sur le Président du Conseil et sur le ministre fidèle à l'instruction publique, n'ait pu venir ici saluer et comme couronner de sa chaude et puissante éloquence, l'œuvre patriotique dont nous fêtons l'achèvement. Combien aurais-je aimé que le premier ministre de la République vous initiât, dans son loyal langage, aux desseins labo-

3

rieux et aux intentions pacifiques du plus loyal aussi des gouvernements! Combien aurais-je voulu que le grand-maître de l'Université vous montrât l'enseignement public s'ouvrant aux changements sages et aux réformes opportunes, et cette laborieuse, honnête et grande corporation universitaire, dans le plus libre des conseils, sous l'œil encourageant et la stimulante parole de son chef, s'étudiant, s'interrogeant, et comme se consultant elle-même, faisant publiquement le plus honorable examen de sa conscience d'ailleurs tranquille, puis résolue alors à améliorer ses méthodes, à modifier sa tactique et son école du jeune soldat, à alléger le poids de la charge qui pesait sur ses jeunes épaules, à déblayer pour lui la route, à équilibrer les étapes, tout en lui montrant, devant lui, le même terme de son voyage, c'est-à-dire, en même temps que la science, et par dessus tout, le devoir !

Messieurs, faible interprète de cette haute pensée, mais très-fier, je l'avoue, de l'honneur qui m'a été fait, au nom de M. Jules Ferry, président du Conseil et ministre de l'instruction publique et des beaux-arts, je reçois de la ville de Guéret le lycée qu'elle vient d'achever et qu'elle a voulu inaugurer solennellement.

Et, par un souvenir classique, qui semble ici être de mise, j'ajoute, comme faisaient les Romains qui ouvraient tous les actes importants de leur vie publique par une formule de bon augure : puisse l'œuvre que nous fêtons tourner à bien pour tous, pour vous, mes chers enfants, pour cette hospitalière, intelligente, libérale ville de Guéret, pour toute cette active région, pour la patrie, pour la République !

Ce discours qui a produit sur l'auditoire et qui

produira dans le public une profonde impression, peut s'apprécier en quelques mots : c'est une profession de foi nette, catégorique, sans arrière-pensée, c'est une affirmation de principes comme nous aimons à en entendre tomber de la bouche de ceux à qui la patrie a confié la mission de former des citoyens. Universitaire, M. Boissière a porté bien haut le drapeau de l'Université et en a hardiment revendiqué les traditions libérales ; fils de la Révolution il en a courageusement glorifié les principes ; homme de son temps et de son époque, il a repoussé avec énergie et dédain les formules surannées avec lesquelles la théocratie du passé voudrait paralyser nos aspirations et étouffer le génie de notre race. Nous en félicitons sincèrement M. Boissière et nous espérons que cette parole virile qui s'est fait entendre à nous, jeudi, pour la première fois, ne restera pas trop longtemps muette pour Guéret. L'année dernière, M. le Recteur de l'Académie de Clermont est allé présider la distribution des prix du lycée de Moulins et nous avons lu avec enthousiasme le discours qu'il a prononcé ce jour-là. Nous sollicitons aujourd'hui, timidement, mais avec espoir, le même honneur pour le lycée de Guéret. M. Boissière a donné jeudi à notre lycée le baptême officiel, il doit certainement à sa sollicitude paternelle de revenir au bout de l'an savoir si l'enfant a grandi, si le « nouveau-né n'a pas étouffé dans son berceau » et lui donner de nouveaux conseils pour guider ses pas encore chancelants à travers la vie universitaire.

Nous serions heureux que notre souhait fut favorablement accueilli par M. Boissière.

M. Polier, adjoint au maire, a ensuite donné lecture de la lettre suivante par laquelle M. Fayolle s'excuse de n'avoir pu assister à cette cérémonie.

Mon cher Maire,

Je ne pourrai pas assister à l'inauguration de notre Lycée et je vous en exprime tous mes regrets.

Vous savez la part que j'ai prise à la fondation de ce grand établissement. A peine étions-nous relevés de nos désastres de 1870, je fus chargé par nos amis du Conseil municipal de réclamer l'exécution du décret impérial qui nous accordait un lycée. Je m'adressai aux inspecteurs généraux, au ministre, M. Jules Simon, qui était mon ami, — je ne fus pas heureux.

Ce ne fut que plus tard, et quand je devins sénateur, que des négociations utiles commencèrent, je n'eus qu'à me louer de M. Waddington, le savant ministre de l'instruction publique, qui m'écouta toujours avec bienveillance. Il me priait de lui faire remettre, après nos entrevues, des notes qui reproduisaient mes principaux arguments et les objections auxquelles j'avais répondu. Tous les inspecteurs généraux et le haut personnel de l'enseignement m'étaient contraires. Je l'emportai pourtant. Je n'oublierai jamais la manière dont M. Waddington m'apprit la bonne nouvelle; à peine entrais-je dans le grand salon qui lui sert de cabinet, il vint à moi, qui marchais déjà difficilement, et me serrant les mains me dit : « Eh bien, — c'est fait, vous avez votre lycée. » L'excellent homme était aussi heureux que moi.

Quelque temps après, il voulut bien augmenter la subvention qui nous avait été promise par le décret impérial de 1869.

Je ne veux pas oublier les représentants de la Creuse, car, si j'intervenais seul, je parlais en leur nom, et nous étions tous d'accord, aussi bien sur la politique que sur l'administration et les intérêts de notre cher département.

Je ne dois pas non plus oublier le Conseil général qui, après nous avoir appuyés de son influence, nous a ouvert un crédit de 80,000 francs, qui fut voté à l'unanimité, sans discussion, et après un rapport remarquable d'un de ses membres qui assistera, j'en suis sûr, à la solennité que vous préparez.

L'adjudication eut lieu. Un premier emprunt avait été contracté avec un grand succès par l'intermédiaire de M. de Thonnelier, mon vieil ami, ancien trésorier général qui voulut bien nous donner ses conseils, nous prêter son personnel, son crédit, — le tout avec un bon vouloir et un désintéressement que je suis bien aise de rappeler ici.

Le reste vous regarde, et c'est à peu près tout, mon cher Maire, car nous n'étions encore qu'à pied d'œuvre. Je vous louerais davantage si je vous aimais moins. Vous avez, avec vos collaborateurs, déployé une activité et un zèle qui ont aplani tous les obstacles, et rien ne manque à ce grand établissement qui est offert comme modèle par le Ministre lui-même aux villes qui, pas plus que nous, n'ont de trésors à dépenser, et qui veulent pourtant avoir, avec une instruction très-élevée, les conditions d'hygiène et de confort dont on ne peut plus se passer aujourd'hui.

Ce sera votre œuvre et soyez-en fier ! Je disais en quittant la mairie, à nos concitoyens, que le but de cette vie était de servir les intérêts du plus grand nombre, j'avais raison. Eh bien, — vous aussi, mon cher ami, en élevant ce lycée où viendront, chacune à leur tour, tant de générations, vous avez fait office d'homme de bien. Et plus tard, l'habitant qui aura peut-être oublié votre nom — on oublie si vite aujourd'hui, — répétera pourtant : « un homme utile a passé là. » J'avoue que cette ambition me suffirait.

Nous sommes presque tous les enfants de l'Université, — *alma mater* — et l'Université, c'est l'État enseignant. Elle nous a donné un établissement de premier ordre où nos enfants recevront l'enseignement spécial à côté d'un enseignement classique très-élevé. J'ai souvent entendu demander dans ces derniers temps, à quoi menaient le grec et le latin? Ils mènent à cette fleur du goût, à cette simplicité dans la grâce qui sont vraiment le grand art français. Il ne faut donc pas abaisser ces études ; qu'on change un peu les méthodes, je le veux bien, mais encore ici, il faut beaucoup de prudence. Je ne peux pas, je ne veux pas traiter ces questions délicates, complexes, et je renvoie aux circulaires si compétentes et si sages de M. le Président du Conseil, ministre de l'instruction publique. Pour moi, je finis comme j'ai commencé, en vous exprimant mes regrets de ne pas être au milieu de vous. Veuillez les faire agréer à M. le Recteur de l'Académie, délégué du ministre, à M. le Préfet, aux hauts dignitaires de l'enseignement, ainsi qu'à nos amis du Conseil général de la Creuse et du Conseil municipal de Guéret.

Agréez, mon cher Maire, l'assurance de mes sentiments affectueux et dévoués.

Ed. FAYOLLE, sénateur.

Cette lettre du sénateur qui a si largement contribué à l'édification du Lycée et qui personnifie pour le département tout entier — dont il est depuis si longtemps le guide vénéré — le dévouement inébranlable à la République, l'attachement au progrès sage et fécond, cette lettre a vivement ému l'auditoire qui, par d'unanimes applaudissements, a envoyé, pour ainsi dire, à l'auteur l'expression de sa reconnaissance, de son affection et de ses regrets.

Une troisième fois M. le Recteur s'est levé.

« Messieurs, a-t-il dit, il me reste à remplir la plus douce partie de ma tâche. Au nom de M. le ministre de l'instruction publique, je remets les palmes de notre Université : A M. le préfet de la Creuse, comme un souvenir de cette fête : A ce maire, dont on vient de faire l'éloge si mérité. Il les a bien gagnées. A M. Roseleur, maire d'Aubusson ; à M. Vernadeau, maire de La Souterraine et à M. l'architecte Masbrenier. »

« Je déclare la séance levée. Nous allons maintenant aller au Lycée, c'est le cas de dire : Que

tous ceux qui aiment l'Université nous suivent. »
Tout le monde a suivi.

Au Lycée, les invités ont pris congé de M. le
Recteur qui, avec le Conseil municipal et les professeurs, a visité les différentes parties de l'établissement.

Le chef de l'Académie a ensuite réuni les
professeurs dans le parloir et a longuement conféré
avec eux sur les devoirs de leur profession.

————

A six heures et demie, a eu lieu, dans la salle
Bonnetaud, le banquet offert par les conseillers
municipaux de Guéret aux autorités universitaires
et aux conseillers généraux.

Autour d'une table parfaitement servie se sont
assis une quarantaine de convives dont M. le Recteur, M. le préfet, les deux inspecteurs d'Académie
présents à la fête, l'administration du Lycée, une
délégation des professeurs, la commission administrative du Lycée, MM. Moreau et Parry, députés, etc. etc.

Au dessert, M. le maire s'est levé le premier et
a porté le toast suivant :

Messieurs,

Je vous propose un toast à M. le ministre de l'instruction publique qui a l'honneur d'avoir courageusement
entrepris et éloquemment soutenu la lutte en faveur des
justes revendications de l'Etat ; dont le nom restera atta-

ché à de grandes réformes dans l'enseignement, à l'organisation du Conseil supérieur électif et à la création des
méthodes nouvelles qui mettront en évidence, j'en suis
sûr, la supériorité pédagogique de l'Université.

A M. le ministre qui nous a facilité l'ouverture du
Lycée en nous accordant dernièrement une large subvention.

Je porte également un toast à M. le Recteur, son repré-
sentant parmi nous, que nous avons eu le plaisir d'entendre et d'applaudir aujourd'hui ; dont la ferme administration répond si bien à la pensée du gouvernement et
se manifeste dans notre département par l'an qu'il sait
donner à l'instruction.

Permettez-moi aussi de ne pas oublier les prédéces-
seurs de M. Ferry et de joindre à son nom celui de M.
Waddington qui a accueilli avec tant de bienveillance
notre première demande de subvention et celui de M.
Bardoux dont la généreuse sympathie pour un pays qui
est presque le sien, nous a permis d'élever le principal
bâtiment d'un étage sans lequel nous aurions été obligés
de refuser des élèves.

En vous proposant la santé de ces trois ministres républicains, je m'acquitte, Messieurs, d'une dette de cœur.

M. le député Parry a pris la parole à son tour et
s'est exprimé à peu près en ces termes :

Mon intention n'est pas de prononcer un discours,
rassurez-vous ; je me ferais scrupule d'abuser de votre
attention bienveillante. Je veux seulement porter, en
quelques mots, un toast aux conseillers municipaux de la
ville de Guéret, à leur chef intelligent et sympathique,

mon ami Paul Laroche, à MM. les administrateurs et professeurs de notre jeune Lycée.

Bien cordialement, je remercie le corps municipal et le maire de Guéret de l'obligeante invitation qu'ils m'ont fait l'honneur de m'adresser. Cette invitation, je l'ai acceptée avec empressement. Je suis fier d'avoir une place à ce banquet fraternel, parmi les républicains éprouvés auxquels nous devons la création et l'installation vraiment magnifique du Lycée nouveau. Je crois ne rien exagérer en affirmant que tous ceux qui ont concouru à cette œuvre de première importance ont bien mérité de notre pays.

Je souhaite à M. le Proviseur, à MM. les professeurs du Lycée tout le succès que nous fait espérer leur mérite personnel, que nous promet l'intelligence si ouverte et si vive des enfants de la Creuse ; qu'ils sachent bien que, malgré toutes les oppositions — malveillantes ou irréfléchies — le gouvernement de la République saura leur garantir l'accomplissement paisible et honoré de leur tâche patriotique. Ils tiennent dans leurs mains, suivant l'expression d'un poëte ancien, qu'ils connaissent mieux que moi, le flambeau destiné à éclairer les intelligences. Qu'ils s'en servent pour distribuer largement la lumière à la génération qui s'élève, pour faire de nos enfants des citoyens honnêtes, instruits et inébranlables dans leur foi républicaine.

Je bois à la santé du Conseil municipal et du maire de Guéret, à la santé de MM. les administrateurs et professeurs du Lycée.

M. Polier, adjoint au maire de Guéret a répondu au toast de M. Parry en proposant de boire à la

santé de M. Fayolle dont tout le monde regrette
si vivement l'absence, de M. Fayolle dont la place
était si bien marquée à ce banquet. C'est M. Fayolle,
en effet, qui par sa persistance, ses démarches
réitérées, son influence légitime a pu obtenir de
faire revivre au profit de notre ville un décret
impérial resté à l'état de lettre morte. « Messieurs, a
dit en terminant M. Polier, je vous propose de
boire à notre vénéré sénateur, à M. Fayolle ! »

M. le docteur Moreau, invité à dire quelques
mots, a voulu parler de l'importance de l'instruction
laïque et c'est en s'appuyant sur l'histoire du
passé, en faisant ressortir les abus monstrueux
commis dans notre pays par la domination cléri-
cale que le vénérable député de Guéret a montré
la nécessité de prendre des mesures pour préserver
l'avenir des fatales étreintes du cléricalisme.

M. Marcellot, juge de paix, membre de la Commission administrative du Lycée, a succédé à M.
Moreau. « On veut que je parle, a-t-il dit en
substance ; mon toast sera bien simple ; je propose
de boire aux sciences et aux lettres : elles sont
l'aliment de la jeunesse, le délassement de l'âge
mûr, la consolation de la vieillesse. Pour moi,
Messieurs, c'est dans les lettres que j'ai trouvé un
refuge contre les malheurs qui ont affligé ma
vie. Je bois aux sciences et aux lettres, à ceux

qui en poursuivent le développpement, à ceux
qui en donnent l'enseignement, à ceux qui le reçoi-
vent, »

Prononcé d'une voix émue, ce toast a produit
une touchante impression.

M. le préfet s'est levé à son tour et a prononcé
les paroles suivantes :

Nous ne nous séparerons pas, Messieurs, sans adresser
un toast de gratitude à l'hôte distingué que le ministère
de l'instruction publique nous envoie.

Vous le connaissez déjà. Vous savez quel zèle et quelle
activité il a mis au service de notre lycée.

En lui portant ce toast, nous l'adressons en même temps
à l'Université de France. Elle a subi les mêmes éclipses
que la liberté, elle se relève avec elle. Enfin c'est d'elle
que nous tenons les réformes du présent, que nous espérons les progrès de l'avenir.

Permettez-moi, en retournant un mot bien connu, de
boire en terminant au *couronnement de l'édifice*, à la
loi future de l'Instruction publique.

« Vous m'avez laissé, Messieurs, a dit M. le
Recteur, la tâche la plus facile et la plus agréable,
celle de remercier. Ces remerciements pour votre
gracieux accueil, pour votre franche et cordiale
hospitalité, je vous les dois au nom de M. le
ministre de l'instruction publique dont je connais
toute la sollicitude pour votre jeune lycée, au nom
de M. Zévort dont je regrette encore une fois

l'absence, en mon nom personnel, car je ne saurais oublier les douces émotions de cette journée, au nom de cette Université dont vous êtes les amis dévoués, de tous ces professeurs de votre lycée, qui, par ce qu'ils ont fait depuis un mois, vous ont montré ce qu'ils feront toujours. Messieurs, je porte un toast à l'hospitalité et j'adresse mes remerciements, à vous messieurs les conseillers municipaux, à vos représentants, à tous ceux qui de près ou de loin ont contribué au succès de la grande cause que nous servons. »

M. Gallard, conseiller municipal, membre de la Commission administrative du Lycée, a bu au Conseil général, qui, par les subsides qu'il a généreusement accordés à la ville de Guéret, a facilité pour une large part la construction du Lycée, et en particulier aux représentants de l'arrondissement de Boussac, qui ont toujours voté avec ceux de Guéret, et qui, en venant tous ce soir à ce banquet, ont voulu témoigner une fois de plus l'intérêt qu'ils portent à notre ville et à l'Université.

« Messieurs, a dit ensuite M. Polier, les absents ont toujours tort, dit-on ; cependant, avant de les condamner, il faudrait les entendre. Je vous demande donc la permission de vous lire quelques lettres d'excuses qui nous sont parvenues.

Voici ce qu'écrit M. Palotte, sénateur :

Paris, le 23 octobre 1880.

Mon cher Monsieur Laroche.

Très certainement ce serait avec le plus grand plaisir que je répondrais à la très-gracieuse invitation du Conseil municipal de Guéret. Ce serait un bonheur pour moi que d'assister à la fête de l'intelligence, et de la glorification de l'instruction laïque.

J'aurais été heureux de vous faire honneur ainsi qu'à mon cher collègue Fayolle, d'avoir, assisté du Conseil municipal, poursuivi et mené à bien cette grosse œuvre de la création d'un lycée.

Ma santé ne me le permet pas.

Je vous prie donc de témoigner tous mes regrets à vos collègues du Conseil municipal, et de leur présenter mes excuses en même temps que mes regrets.

Si j'avais été avec vous, j'aurais proposé de porter un toast à l'instruction laïque, obligatoire et gratuite, en rappelant qu'aujourd'hui les noms du Maire de Guéret et des Conseillers municipaux sont indissolublement liés à l'idée de tout progrès de l'intelligence, dans le département de la Creuse.

Vous avez tous travaillé à l'affranchissement de l'homme par l'instruction ; j'aurais été, je vous le répète, heureux de vous remercier.

Je vous prie de recevoir l'expression de mes sentiments les plus affectueux et les plus dévoués.

E.-JACQUES PALOTTE.

De son côté M. Martin Nadaud a adressé à M. le maire la lettre suivante :

Mon cher maire,

J'arrive de Lyon, où j'étais depuis huit jours, et je trouve votre lettre, m'invitant à assister à l'inauguration de notre lycée creusois. Malgré mon très vif désir d'être présent à votre cérémonie, je me sens réellement trop fatigué pour reprendre dans quelques heures le train de Guéret. Soyez donc, je vous prie, mon interprète pour faire agréer mes excuses à vos conseillers municipaux et à tous nos amis. Espérons que l'heureux début de ce grand établissement scolaire se continuera, et que, grâce aux excellents professeurs que vous avez, la jeunesse si appliquée, si studieuse de notre vieille Marche leur fera honneur. Au point de vue du travail manuel, partout où les Creusois se trouvent en contact avec les ouvriers de n'importe quel département et quel pays, ils se font remarquer; il en sera de même pour le travail de l'esprit. Pour cela, il n'y a qu'à vouloir et toujours vouloir; nous sommes une race d'hommes laborieuse et fortement trempée pour la lutte. J'ai la certitude que le lycée de Guéret est appelé à une célébrité réelle.

« Comment avez-vous fait pour arriver à vos grandes découvertes? demandait quelqu'un à Newton. — C'est en y pensant toujours », répondit le grand astronome. Notre jeunesse s'inspirera de cette pensée. L'homme qui veut peut, mais il ne faut pas gaspiller le temps.

Ayons donc foi en l'avenir du lycée de Guéret.

A vous, mon cher maire, de tout cœur.

Martin NADAUD.

Enfin, M. Amédée Le Faure écrit :

Monsieur le maire,

Veuillez excuser mon absence. Je suis malheureusement retenu ici, ce qui me prive du plaisir d'être des vôtres. Il faut des circonstances bien graves pour que je ne m'associe pas à la cérémonie d'inauguration du Lycée. Soyez mon interprète auprès de nos amis. Faites part de mes souhaits comme de mes regrets.

Croyez à mes sentiments tout dévoués.

A. LE FAURE.

Je vous propose donc, Messieurs, de boire à tous nos représentants, aux présents comme aux absents, à MM. Moreau et Parry comme à MM. Fayolle, Palotte, Nadaud, Le Faure et Fourot. »

— « Puisque nous en sommes au chapitre des absents, a dit alors M. le Recteur, je vous propose d'envoyer jusqu'à Nevers un écho de votre joie et de vos sympathies en buvant à cet homme si bon, si généreux, à cette nature si droite et si loyale, à M. Valotte qui a laissé parmi vous de si bons souvenirs et qui a conservé pour la Creuse une affection si vive et si franche. Il devait venir prendre sa part de la joie commune, s'asseoir à cette fête universitaire : il a été retenu loin de vous par le devoir ; mais son cœur est avec vous. Je vous propose de confondre dans ce toast, tous ses collaborateurs ou leurs successeurs, d'y ajouter enfin la santé de M. Marion, inspecteur d'Académie de la Corrèze, une nature d'élite, un grand esprit et un grand cœur qui n'a pas redouté les fatigues d'un long voyage, pour m'accompagner ici et venir s'associer à cette fête et témoigner ainsi de son dévouement pour la grande cause de l'enseignement. »

Au nom du Conseil municipal, M. le docteur Villard adjoint au maire a porté la santé du Conseil général dans les termes suivants :

Messieurs,

Le Conseil municipal de Guéret voit aujourd'hui la réalisation d'un de ses désirs les plus chers ; le Lycée est construit, il vient de s'ouvrir; le succès dépasse toutes les espérances et répond de l'avenir. Le Conseil municipal est fier de ce résultat; mais, s'il le doit à sa persévérance dans une idée poursuivie depuis de longues années années, s'il le doit aux lourds sacrifices que notre ville n'a pas hésité à s'imposer, il le doit aussi à l'aide qu'il a trouvée en de puissants auxiliaires. Parmi ces derniers, le Conseil général de la Creuse, en contribuant généreusement, par un vote unanime, à l'édification du premier établissement universitaire de notre cité, a droit à une large part de notre reconnaissance.

Au nom de mes collègues du Conseil municipal, je vous propose, Messieurs, un toast à la santé de MM. les Membres du Conseil général, présents et absents.

« Nous avons oublié un toast, a dit M. Polier, en se levant une troisième fois, je veux réparer cet oubli en vous proposant de boire à la santé de M. le maire de Guéret. J'ai été le témoin constant de ce qu'il a fait, je l'ai vu aux prises avec les difficultés toujours renaissantes, j'ai été le témoin de ses efforts, de son travail, de la persistance avec laquelle il a poursuivi la construction de ce lycée dans le succès duquel il peut, avec M. Fayolle, revendiquer une large part. Je tiens à lui en rendre hautement témoignage. Messieurs, à la santé de M. le maire de Guéret ! »

« Mon cher Polier, a répondu M. le maire, vous me comblez, en vérité. Ce que j'ai fait, je n'ai pu le faire que parce que j'ai trouvé en vous et nos collègues du Conseil municipal un appui et un concours inébranlable. Je tiens donc à reporter vos éloges sur tous ceux qui nous ont aidés, sur M. Fayolle dont les conseils et l'influence nous ont été d'un si puissant secours ; je veux les reporter sur tous nos représentants, sur le gouvernement de la République que nous avons trouvé si bienveillant et si bien disposé, sur le Conseil général qui, à l'unanimité, nous a accordé une subvention après un remarquable rapport fait par l'un de ses membres que je suis heureux de voir assister à ce banquet pour l'en remercier. Je dois les reporter sur le Conseil municipal tout entier qui a été pour moi le plus précieux auxiliaire ; je dois les reporter sur notre intelligente et laborieuse population de Guéret. C'est elle que nous avons mise à contribution, c'est son appui moral qui a été notre force et notre encouragement. Je bois, Messieurs, au Conseil municipal, et à la ville de Guéret. »

Un instant après, M. le Recteur et M. le Préfet se sont trouvés debout en même temps, prêts à parler l'un et l'autre. « Monsieur le Préfet, a dit M. Boissière, je devine votre pensée, elle est la mienne; nous voulons tous les deux porter le même toast. Eh bien, puisque je représente aujourd'hui le gouvernement, puisque le choix du ministre m'a fait pour un instant votre collègue, cédez-moi votre prérogative, laissez-moi porter le toast que vous alliez proposer. Monsieur le Préfet s'est incliné et M. le Recteur a alors porté dans ce langage élevé qui lui est propre, la santé de M. Jules Grévy, président de la République Française, de ce grand caractère, de ce républicain intègre dont l'avènement a été salué par la France comme une délivrance et dont le nom est pour le pays une garantie de tranquillité, comme il est pour la République une certitude de durée et de développement.

La soirée s'est continuée dans des causeries intimes où ont été abordées toutes les questions qui peuvent intéresser l'avenir de l'enseignement dans la Creuse.

Tous les convives se sont retirés charmés de l'amabilité, de l'entrain, de la simplicité de M.

Recteur et enchantés de la gracieuse hospitalité du conseil municipal.

Cette fête, comme nous le disions en commençant laissera des souvenirs fortifiants et vivaces dans l'esprit de ceux qui en ont été les témoins ; elle marquera la première et la plus importante des étapes dans la voie de progrès et d'amélioration scolaires que s'est imposée l'administration républicaine.

En dépit de tous les obstacles et de toutes les critiques, le lycée de Guéret est fondé : il est maintenant *lycée national* et enrôlé dans la vaillante phalange universitaire. Dans quelques mois, école laïque de garçons, bibliothèque communale et populaire seront installées dans le local spacieux qu'on leur prépare à l'heure actuelle, puis viendra le tour de l'école de filles. Quelle est la ville de l'importance de Guéret qui pourra se dire aussi bien partagée ?

En ouvrant aussi largement pour tous, pour les pauvres comme pour les riches, les voies de l'instruction civilisatrice, l'administration républcaine a bien mérité de la ville de Guéret. Quand viendra l'heure prochaine où les édiles devront comparaître devant le suffrage universel, il leur suffira, pour confondre leurs accusateurs, de se tourner vers l'intelligente population guérétoise et de lui dire en lui montrant le Lycée et l'école laïque : « Voilà mon œuvre ! »   Ferdinand RÉAL.

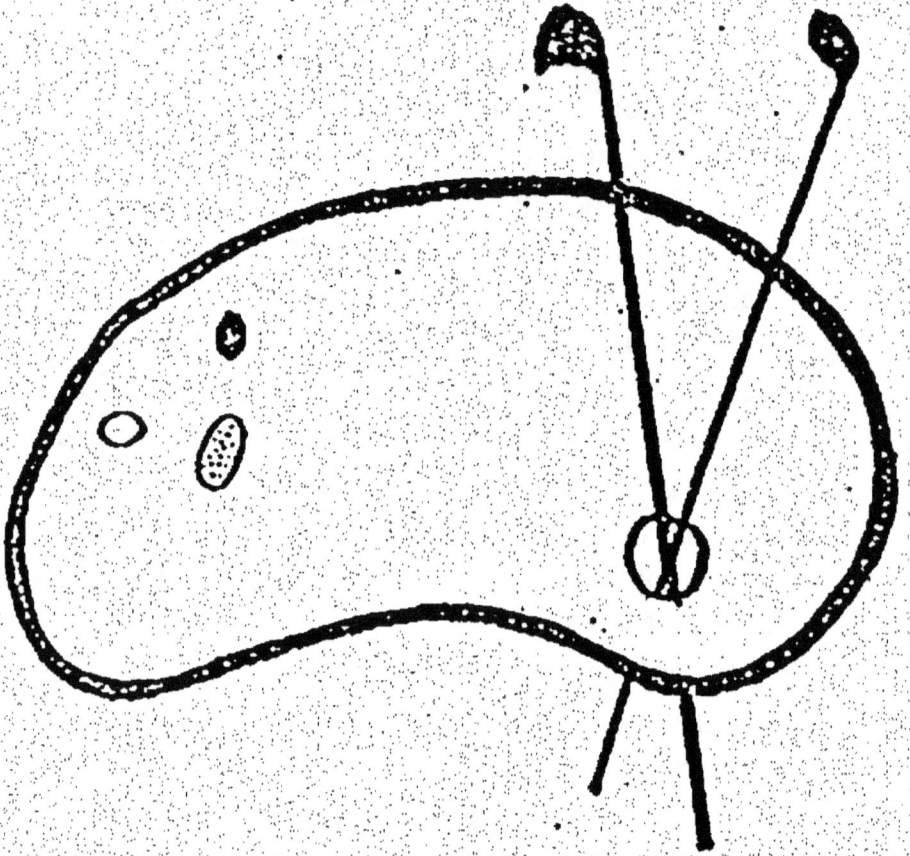

www.ingramcontent.com/pod-product-compliance
Lightning Source LLC
LaVergne TN
LVHW022034080426
835513LV00009B/1033